Fiche **philosophe**

Par Natacha Cerf

AF271901

Schopenhauer

lePetitPhilosophe.fr

SCHOPENHAUER

PHILOSOPHE PESSIMISTE ALLEMAND

- **Né en 1788 à Dantzig**
- **Décédé en 1860 à Francfort-sur-le-Main**
- **Quelques-unes de ses œuvres :**
  - *Le Monde comme volonté et comme représentation* (1819)
  - *Les Deux problèmes fondamentaux de l'éthique* (1841)
  - *Parerga et Paralipomena* (1851)

Né d'un père négociant cultivant pour son fils de grandes ambitions commerciales, Arthur Schopenhauer s'adonne pourtant tôt à la philosophie. Il se considère comme un grand **disciple d'Emmanuel Kant**, bien qu'il s'en éloigne foncièrement, et publie son ouvrage majeur, *Le Monde comme volonté et représentation*, en 1818.

Pessimiste athée, il théorise **l'absence radicale de causalité, de finalité et de sens de l'existence**. En outre, à l'absurdité totale de l'existence s'ajoute la souffrance, l'insatisfaction et l'ennui. Cependant, sa philosophie dépasse ce pessimisme en proposant des voies eudémonistes : **la sérénité est possible via l'art, la morale de la pitié et la doctrine du salut.**

Son influence est perceptible chez les philosophes du soupçon (Nietzsche et Freud) et ceux de l'absurde (Sartre et Camus).

BIOGRAPHIE

UNE ENFANCE SOUS LE SIGNE DU VOYAGE

Arthur Schopenhauer **nait en 1788 à Dantzig**, en Pologne. Lorsque cette ville perd son indépendance en 1793 et est rattachée à la Prusse, la famille Schopenhauer s'établit à Hambourg.

Alors que sa mère est une femme de lettres, **son père est un riche négociant désireux de faire de son fils un commercial émérite** : il entend le négoce comme une source de liberté et de richesse, propice au développement de toutes les facultés intellectuelles. À cette fin, il pousse le jeune Arthur à l'**étude des langues** et aux **voyages**. Le garçon, à peine âgé de neuf ans, part alors au Havre où il restera deux ans chez un correspondant de son père afin d'étudier le français.

Il entame ensuite des **études commerciales** à Hambourg, tandis que son père continue de l'emmener régulièrement avec lui dans ses déplacements, entre autres à Hanovre, à Prague ou à Berlin. En 1803, le jeune homme débute avec sa famille un **voyage d'un an en Europe**, ce que lui avait promis son père s'il réussissait sa formation commerciale. Dès le plus jeune âge, Schopenhauer découvre donc de nombreux pays tels que la France, la Belgique, la Suisse, l'Angleterre, l'Italie, l'Autriche ou la Hollande. Ces voyages font de lui un homme polyglotte : il **parle pratiquement toutes les grandes langues européennes** (français, anglais, grec, latin, italien et espagnol).

LA FORMATION PHILOSOPHIQUE

À son retour en **1804**, il commence à exercer le **métier d'employé commercial qu'il exècre**, mais auquel il se sent tenu en raison de l'engagement qu'il a contracté vis-à-vis de **son père**. Cependant, ce dernier **meurt en 1806** : il serait tombé dans le canal. La thèse du suicide reste en suspens. Sa mère vend alors leur fonds de commerce pour s'installer à Weimar. Là-bas, elle se consacre à son salon littéraire, auquel le poète Johann Wolfgang von Goethe (1749-1832) participe régulièrement, et devient une romancière célèbre. Sur les conseils du critique d'art Karl Ludwig Fernow (1763-1808), Schopenhauer abandonne le commerce pour renouer avec son gout pour la littérature, le latin et la poésie antique, et **débute des études classiques** au Gymnasium (lycée) de Gotha, puis au lycée de Weimar.

Ses études classiques achevées, il s'inscrit en **1809** à **l'université de Göttingen** pour étudier la médecine, la physique, la chimie, les sciences naturelles, l'astronomie et l'histoire. Il y découvre les philosophies de Platon (vers 427-347 av. J.-C), d'Aristote (384-322 av. J.-C), de Baruch Spinoza (1632-1677) et d'Emmanuel Kant (1724-1804). C'est à **Berlin** qu'il poursuit sa formation à partir de **1811**, notamment au contact du philosophe Johann Gottlieb Fichte (1762-1814) et du philosophe théologien Friedrich Schleiermacher (1768-1834) : Schopenhauer est donc un homme **extrêmement cultivé**.

Il quitte ensuite Berlin, menacée par les troupes de Napoléon Ier, pour rejoindre **l'université d'Iéna** en **1813**. La même année, il obtient son doctorat avec une thèse intitu-

lée *De la quadruple racine du principe de raison suffisante*.
Il s'agit de son premier ouvrage d'importance.

L'ÂGE DE LA MATURITÉ

De **retour à Weimar**, Schopenhauer s'installe chez sa mère pour un temps et fait la connaissance dans son salon de l'orientaliste Friedrich Mayer (1772-1818) qui l'éveille aux **textes hindouistes**. Il part ensuite pour **Dresde** en 1814 où il débute la rédaction de sa grande œuvre : *Le Monde comme volonté et comme représentation*, qui sera publiée en **1819**. Celle-ci a pour but de dépasser l'impossibilité kantienne d'accéder à une connaissance de la chose en soi. Il faut cependant attendre la troisième édition de 1859 pour qu'elle suscite l'attention du monde philosophique.

Suite à des problèmes financiers, Schopenhauer accepte un poste **de chargé de cours à l'université de Berlin**, mais ses leçons se donnent aux mêmes heures que celles de Georg Wilhelm Friedrich Hegel (1770-1831), le plus célèbre parmi les philosophes de l'époque, auquel Schopenhauer s'est fermement opposé. Tous les étudiants se ruent aux cours d'Hegel, tandis que l'auditoire de Schopenhauer reste presque vide : il abandonne au bout de quelques mois et entame un **voyage en Italie et en Suisse**.

En **1833**, il s'installe définitivement à **Francfort** où il **vit de ses rentes**. Son existence est réglée comme du papier à musique et chaque jour voit se répéter les mêmes activités selon un ordre immuable : il prend son repas à l'hôtel d'Angleterre et lit des journaux, puis promène son caniche, ensuite il joue de la flûte et, enfin, il s'adonne à quelques heures de travail.

En 1839, la Société royale des sciences de Norvège récompense son mémoire, intitulé *Sur la liberté de la volonté humaine*. Il regroupe alors cette œuvre avec son essai intitulé *Sur le fondement de la morale* et publie le tout en **1841** sous le titre ***Les Deux Problèmes fondamentaux de l'éthique***. Dix ans plus tard, en 1851, il publie *Parerga et Paralipomena* (« Accessoires et restes »), des aphorismes littéraires qui traitent de multiples sujets tels que la philosophie, la littérature, la politique, la religion, l'art de vivre, etc. C'est seulement avec ce dernier ouvrage qu'il rencontre le succès. Le philosophe aura donc dû attendre la fin de sa vie pour assister à la **reconnaissance de son œuvre**.

En 1860, Schopenhauer meurt des suites d'une pneumonie.

CONTEXTE PHILOSOPHIQUE

LES INFLUENCES DE SCHOPENHAUER

Le stoïcisme

Schopenhauer considère que **la philosophie doit avoir un but pratique** : elle ne relève pas seulement de la compréhension de ce qui est, elle est aussi un art de vivre et un apprentissage de la vie. En ce sens, il loue les doctrines philosophiques grecques de l'Antiquité, en particulier le stoïcisme, pour avoir cherché des méthodes permettant d'éliminer les troubles de l'âme.

École philosophique fondée au IVᵉ siècle av. J.-C. par **Zénon de Citium** (vers 335-264 av. J.-C.), **le stoïcisme** est d'abord une doctrine morale qui se caractérise par une éminente austérité. Il propose des **règles de vie permettant à l'homme d'atteindre bonheur et sagesse** :

- d'une part, l'homme doit maitriser ses passions et ses désirs, qui épuisent l'âme en vain. Dès lors, les stoïciens s'attachent à ne pas regretter, à ne pas être affectés par l'injustice, à ne pas avoir d'opinion, etc., afin de demeurer libres ;
- d'autre part, il doit accepter que tout ce qui arrive doit arriver. En effet, tout est écrit d'avance. Cet assentiment au destin apporte au stoïcien la paix de l'âme (ce qu'on appelle l'ataraxie) et lui permet de vivre parmi les hommes en acceptant la place qui lui est assignée.

Schopenhauer construit, tout comme le stoïcisme, une

pensée eudémoniste, c'est-à-dire qui fait du bonheur (*eudaimonia* en grec) la fin suprême de la vie. Afin d'atteindre ce but, le philosophe **recommande l'ascétisme**, à l'instar des stoïciens. Plus précisément, il **associe la sérénité à l'abolition de toute volonté** : seul le renoncement complet au désir permet d'échapper à l'insatisfaction et le remède à l'ennui réside dans l'indifférence. En outre, l'homme ne peut rien contre son destin, c'est-à-dire contre les forces aveugles du monde. Le sage est dès lors celui qui contemple le monde sans attente et sans désir : il atteint ainsi la paix et accède à la liberté.

Le bouddhisme

Schopenhauer a également été influencé par le bouddhisme, une philosophie née en Inde au Ve siècle av. J.-C. qui tire ses origines des enseignements de Siddhartha Gautama (Bouddha), chef spirituel fondateur historique d'une communauté de moines errants.

Le philosophe envisage cette philosophie orientale comme **un moyen de salut ici et maintenant**, indépendamment de la foi et du divin, **ouvert à tous ceux qui feront l'effort de comprendre la réalité profonde des choses** et qui, par conséquent, consacreront leur existence à la pensée.

L'idée principale qu'il retire de son interprétation du bouddhisme est **la nécessité du renoncement, de l'oubli de soi ou du non-soi**. Il s'agit en effet de la seule échappatoire à l'état naturel de l'homme qui est la souffrance. Ainsi, contrairement au christianisme, le bouddhisme n'est pas centré sur l'individu mais sur la vie : Bouddha avait pris conscience de la vanité du monde phénoménal et bien compris la vacuité de l'individualité, une conception partagée par Schopenhauer, attiré par une philosophie du néant de l'être.

David Hume

David Hume (1711-1776), considéré comme un des premiers grands penseurs critiques de la science moderne, est à l'origine de la **déconstruction de la science** chez Schopenhauer ainsi que de **son rejet de la métaphysique**.

BON À SAVOIR

La **métaphysique** est une branche de la philosophie qui porte sur la recherche des causes et des principes premiers. Par conséquent, elle a pour dessein la connaissance de l'être absolu comme cause première de l'univers et de la nature : elle prétend à la connaissance rationnelle des réalités transcendantes et des choses en elles-mêmes.

Hume nie l'existence de la causalité en tant que loi universelle. La relation de cause à effet n'est selon lui qu'une constatation et non une certitude : si l'on observe par l'expérience que l'eau se transforme en vapeur lorsqu'elle bout à 100 °C, rien ne nous permet d'affirmer qu'à chaque fois que nous ferons bouillir de l'eau, elle se transformera en vapeur. Ainsi, pour Hume :

- d'une part, **les lois de la nature sont radicalement em-**

piriques, c'est-à-dire qu'elles dépendent de l'expérience sensible ;

- d'autre part, **elles ne sont que des productions psychologiques contingentes** (qui pourraient ne pas exister), c'est-à-dire des croyances d'êtres humains en quête de repères.

De plus, Hume s'inscrit dans la tendance philosophique anglaise (John Locke, George Berkeley, etc.) rejetant la métaphysique. En effet, selon lui, celle-ci ne relève ni de vérités formelles (donc vides, à l'instar des vérités mathématiques ou logiques) ni de vérités empiriques contingentes, or il pose l'impossibilité de vérités en dehors de ces deux catégories. Autrement dit, **la métaphysique n'est ni une science mathématique, ni une science expérimentale : elle n'est donc pas une science**.

Emmanuel Kant

Enfin, Schopenhauer se considère comme un héritier du kantisme et voue à **Emmanuel Kant** (1724-1804) une grande admiration.

Ce dernier, dans sa critique de la connaissance, distingue :

- **les phénomènes**, c'est-à-dire **les choses telles qu'elles nous apparaissent**, dont on fait l'expérience et **que l'on peut connaitre**. Afin d'en acquérir la connaissance, il faut **les interpréter grâce à des réseaux de concepts** qui structurent notre perception et notre compréhension du monde. Ces concepts sont présents à priori dans notre esprit, c'est-à-dire qu'ils existent indépendamment de l'expérience : il s'agit des formes à priori de la sensibilité (l'espace et le temps), des catégories à priori de l'entendement et des principes à priori de l'entendement ;

- **les noumènes**, c'est-à-dire **les choses en soi, que le sujet ne peut connaitre immédiatement** et qui en appellent donc à la foi. Il s'agit des idées régulatrices telles que Dieu, l'âme, la liberté, etc. Kant dénonce les illusions de la métaphysique qui prétend possible la connaissance de ces absolus.

En somme, d'après Kant, nous ne connaissons jamais le monde ou les choses en soi, mais uniquement l'expérience que nous en faisons. Ainsi, le philosophe développe une **conception de la science tournée entièrement sur le sujet**, et non plus sur l'objet : le sujet de la connaissance s'implique activement dans la construction de son savoir. Ce n'était pas le cas dans l'idéalisme et dans l'empirisme où l'esprit connaissant était totalement passif.

BON À SAVOIR

L'**idéalisme** est un courant philosophique qui ne conçoit pas d'existence en dehors des idées de la conscience et de la pensée. L'**empirisme** est une philosophie selon laquelle l'unique source de la connaissance est l'expérience.

Schopenhauer s'accorde avec Kant et distingue pour sa part :

- **le monde de la représentation**, soit le monde des phénomènes, des apparences, celui que l'on perçoit et que l'on peut connaitre dans une certaine mesure ;

- **le monde de la volonté**, soit le monde des noumènes qui sont les choses en soi cachées derrière les apparences, des essences inaccessibles.

Selon lui, le monde est « ma représentation » : le monde est celui que « je perçois », celui qui « m'apparait ». En effet, le sujet constitue le monde en phénomènes grâce aux formes à priori (l'espace, le temps et la causalité) de son entendement. Cela signifie que **le monde de la représentation n'a pas d'existence en dehors des formes à priori du sujet** (citation 1). Par conséquent, il est illusoire.

Néanmoins, si le monde de la volonté a quant à lui une existence réelle, cela ne signifie pas pour autant qu'il nous est accessible. Aussi Schopenhauer poursuit-il l'entreprise critique de déconstruction des prétentions de la métaphysique, qui prétend possible la connaissance des absolus, entreprise par Kant.

PENSÉE ET APPORT

LE PESSIMISME RADICAL

La généalogie

Le pessimisme de Schopenhauer tire son origine de la généalogie, généralement associée aux philosophies du soupçon.

> **<u>BON À SAVOIR</u>**
>
> La **philosophie du soupçon** renvoie à trois philosophes qui se caractérisent par leur esprit soupçonneux :
>
> - Karl Marx (1818-1883), qui s'oppose à la domination bourgeoise sur les classes ouvrières et appelle à la lutte des classes ;
> - Friedrich Nietzsche (1844-1900), qui dénonce les illusions du christianisme, annonçant ainsi la mort de Dieu au profit du surhomme ;
> - Sigmund Freud (1856-1939), enfin, qui remet en cause l'unité du sujet en affirmant l'existence de l'inconscient.

La généalogie est une attitude qui consiste à **remonter à la source de quelque chose**, plus précisément, dans le cas de Schopenhauer, à **déceler sous les idées de la conscience les « arrière-mondes », à savoir la part d'inconscient**. Par conséquent, l'attitude généalogique a pour objectif de dévoiler, derrière les opinions claires et conscientes, des arrière-mondes souterrains qui invalident les idées conscientes car ils en sont la vérité. Cette démarche mène Schopenhauer à une déconstruction de la plupart des grandes idées métaphysiques traditionnelles.

Cependant Schopenhauer pose la généalogie elle-même comme une perspective parmi d'autres et non comme une vérité absolue. En effet, la conscience du généalogiste est elle-même ouverte sur un inconscient susceptible de remettre en cause ses idées. On a donc affaire à un perspectivisme (ou relativisme) radical qui n'aboutit dès lors pas à une science absolue.

Le monde de la représentation

Nous avons vu que, dans le prolongement de la pensée kantienne, Schopenhauer distinguait :

- le monde de la représentation, c'est-à-dire le monde des phénomènes (du grec *phainomenè*, « ce qui apparait »), des apparences, que l'on peut connaitre mais qui n'est qu'illusoire,
- et le monde de la volonté, c'est-à-dire le monde des noumènes (du grec *nooumenè*, « ce qui est pensé »), des choses en soi, qui demeure inaccessible mais qui est réel (citation 2).

Plus précisément, il définit le **monde de la représentation** :

- comme **le monde de la conscience claire et de l'individualité**. Nous croyons en effet être des individus autonomes, avoir une identité, être des sujets transparents à nous-mêmes. Aussi pensons-nous avoir des projets et des intentions conscientes qui font sens ;

- comme **le monde de la raison et de la science**, c'est-à-dire des explications scientifiques souvent causales. Nous croyons en effet pouvoir expliquer le monde par la science. Ainsi, le monde de la représentation répond au principe de raison suffisante qui énonce qu'il existe des causes à tout ce qui advient. Par conséquent, tout semble explicable et clair : les actions humaines ont des causalités et des finalités claires.

Le monde de la volonté

Quant au **monde du vouloir** ou de la volonté, il présente des caractéristiques radicalement opposées. Schopenhauer le définit :

- comme **le monde de l'inconscient et des arrière-mondes régi par des forces aveugles où l'individualité disparaît** pour se fondre dans l'espèce et dans un ensemble cosmique universel. Autrement dit, la conscience de l'individu est effacée au profit du vouloir ou de l'inconscient, une puissance absolue infiniment plus forte qu'elle. Toutes les forces du monde de la volonté sont de même nature : celle qui fait éclore les bourgeons, celle qui meut les hommes, celle de la gravité etc. Ainsi, Schopenhauer ne fait aucune différence entre une volonté consciente (par exemple, tendre le bras pour attraper le journal) et les forces aveugles qui président la nature. En somme, les forces sont fondamentalement identiques, qu'elles soient d'apparence consciente et finalisée comme c'est le cas de la volonté humaine ou qu'elles soient totalement aveugles comme l'est la gravitation universelle de

Newton ;

- comme **un monde dénué de causalité**. L'illusion selon laquelle la science peut dévoiler le monde est dissipée : l'explication scientifique, si elle peut rendre compte et définir certains phénomènes, mène toujours, finalement, à une impasse. En effet, le principe premier d'un phénomène, son essence, demeure inatteignable. Par conséquent, rien n'est véritablement explicable et clair : il n'y a pas de causalité ;
- comme **un monde dénué de finalité**. En effet, lorsque la conscience tente de remonter le fil de ses intentions, elle échoit de même à une impasse car l'individu ignore les finalités premières, l'essence de ses intentions, qui le poussent à agir.

Le monde du vouloir est donc **un monde absurde dominé par le non-sens**. Pourtant**, seul ce monde est réel**, tandis que le monde de la représentation est une illusion. Ainsi, la conscience et l'explication scientifique ne sont que des illusions.

Schopenhauer est le premier à avoir la conviction que toutes les philosophies traditionnelles de la conscience doivent être déconstruites. Leur erreur fondamentale réside, selon lui, dans leur représentation du moi comme essentiellement connaissant et pensant.

La déconstruction du monde de la représentation

La généalogie ou entreprise de déconstruction du monde de la représentation s'appuie sur trois idées :

- **la causalité est sans cause**, c'est-à-dire qu'**il n'y a pas de cause première** donc, au final, qu'**aucune cause n'existe**. La science donne des explications parfaitement rationnelles, mais si performantes soient-elles, elles finissent toujours par perdre leur sens parce que la cause première n'est jamais trouvée. En effet, lorsque l'on remonte de cause en cause, on se heurte à une aporie insurmontable, comme le théorisait Kant : lorsque nous croyons être remontés à la cause première, il s'agit alors forcément d'une cause sans cause, une cause de soi, qui contredit le principe de causalité. Ce ne peut donc pas être une cause. Dès lors, ou la cause première est contradictoire, ou la régression de cause en cause est infinie. En somme, la cause première du monde est introuvable. Par conséquent, malgré toutes les explications scientifiques claires données dans le monde de la représentation, il est impossible de formuler la moindre conclusion sur l'essence intime des choses ;
- **la finalité est sans fin**, c'est-à-dire qu'**il n'y a pas de finalité première** donc, au final, que **la finalité n'existe pas**. Les intentions conscientes ne le sont pas, bien que les hommes aient constamment le sentiment que tout a du sens et qu'ils agissent mus par leurs intentions. Schopenhauer s'aperçoit en effet que lorsque l'on recherche le sens du sens des intentions, on se perd également dans l'infini, tout comme lorsque l'on remonte de cause en cause. Il en conclut que le sens fait totalement défaut. Prenons un exemple : nous sortons dans le but d'acheter du pain, nous achetons du pain dans le but de nous nourrir, nous nous nourrissons pour vivre, mais pourquoi vivons-nous ? L'homme a sans cesse un but et

des motifs qui règlent ses actes dans la vie quotidienne et peut toujours en rendre compte, mais quand les questions « pourquoi veut-il ? » ou « pourquoi veut-il être en général ? » lui sont posées, il ne sait que répondre (citation 3) ;

- **l'existence est à la fois douleur et souffrance puisqu'elle répond à une logique de l'insatisfaction** déjà développée chez le stoïcien Lucrèce (99-55 av. J.-C.) : l'être humain aspire toujours à ce qu'il n'a pas et ne désire jamais ce qu'il a. Cela engendre le renouvèlement infini des désirs et l'impossibilité de les assouvir, ce qui rend l'existence répétitive et insatisfaisante, même si cela empêche d'une certaine manière l'homme de sombrer dans l'ennui (citation 4). Cependant, pour le philosophe, **l'ennui fait également partie de l'existence**, conformément à ce que traduit l'expression « métro-boulot-dodo ». En effet, la vie quotidienne est fastidieuse à force d'être utile, au point qu'elle finit par apparaitre comme n'ayant aucune utilité. En effet, l'existence se solde quoi qu'il en soit par la mort. Dès lors, même si l'existence consumériste peut paraitre amusante à certains, même si l'homme peut trouver satisfaisant de perdre sa vie en la gagnant, il ne trouve en fin de compte que la mort.

Tels sont les éléments qui justifient le pessimisme radical de Schopenhauer : le monde de la volonté est dénué de causalité et de finalité. En outre, non seulement nous sommes dans l'absurdité totale mais en plus, le monde est souffrance et ennui.

Il semble difficile de ne pas considérer que la **vision pessimiste** de l'existence de Schopenhauer est subjective. En effet, le philosophe affirme le caractère pénible de la vie comme s'il s'agissait d'une évidence, mais il y a pourtant toute une tradition philosophique qui considère le simple fait d'exister comme une joie. Vivre, être au monde, même sans projet, est heureux. Ainsi, le monde est une félicité permanente pour ceux qui parviennent à échapper aux tyrannies du passé et du futur, ces temps qui n'existent pas ou plus mais qui sont source d'inquiétude, pour ne vivre que dans le présent et ses moments de grâce. Goethe (1749-1832), par exemple, faisait l'apologie de cette vie sans aucun projet. Ainsi, peut-être Schopenhauer fonde-t-il sa philosophie sur un mal être personnel et non sur des réalités ?

L'étonnement

La distinction entre les deux mondes mène Schopenhauer à différencier **deux formes d'étonnement** :

- **l'étonnement scientifique** se passe à l'intérieur du monde de la représentation : la recherche de causes par l'expérience mène parfois à l'étonnement ;
- **l'étonnement philosophique** va au-delà de l'étonnement scientifique et porte sur les essences, sur l'existence même de la science et du monde. Autrement dit il pose la question : « Pourquoi y a-t-il quelque chose plutôt

que rien ? », question à laquelle aucun scientifique ne s'aventurerait jamais à répondre. La philosophie est issue de cet étonnement-là, celui qui porte sur la contingence possible du monde : le monde pourrait ne pas exister, d'où la naissance d'un sentiment d'angoisse.

BON À SAVOIR

La philosophie schopenhauerienne conduit à une **contradiction**. En effet, Schopenhauer, en rejetant la conscience, rejette radicalement l'idée du libre-arbitre qui permet de choisir consciemment et librement entre deux options possibles. La représentation consciente des choix opérés par les hommes est invalidée chez Schopenhauer par l'existence du monde du vouloir. En effet, celui-ci détermine entièrement les hommes et ce qu'ils s'imaginent être des choix libres n'en sont pas.

Pourtant, le philosophe présente l'attitude philosophique comme un choix possible face à l'ignorance. En choisissant la vie philosophique, l'homme a la possibilité d'accéder au bonheur. Mais comment ce choix peut-il être possible ? C'est une contradiction performative comme l'est l'exemple du Crétois qui affirme que « tous les Crétois sont des menteurs ». Schopenhauer pense résoudre ce paradoxe en réintroduisant le libre-arbitre dans l'art, la morale de la pitié et la sagesse qui sont les trois seules voies permettant à l'homme d'échapper au déterminisme absolu du monde de la volonté.

LA VOIE DU SALUT

La seconde partie de l'œuvre de Schopenhauer est consacrée à la construction d'un art du bonheur à partir du constat de l'absurdité totale du monde et du caractère souffrant de l'existence. Sur ce point, sa philosophie entre en concurrence avec les grandes religions puisqu'il cherche à **élaborer une doctrine du salut sans Dieu** : philosophie et religion ont le même objectif, soit **sauver l'humain de la peur qu'inspire la mort**, qui souvent l'empêche de vivre. Cependant, la philosophie le fait par l'exercice de la raison, sans recourir à la foi.

Dès lors, l'art du bonheur selon Schopenhauer se construit sur la question suivante : « Comment dépasser la peur de la mort pour les humains ? » L'enjeu est de s'arracher au monde de l'absurde, c'est-à-dire au monde de la volonté, sans retomber dans les illusions de la métaphysique traditionnelle et du monde de la représentation. Il propose dans ces conditions un bonheur qui est relatif et fragile étant donné qu'il repose sur la fragilité du monde. Ainsi, **le bonheur relève plus de la sérénité que de la jouissance et s'acquiert par trois moyens**.

L'art

Il est possible d'échapper à la tyrannie des désirs par **la contemplation esthétique**. En effet, celle-ci **transforme en spectacle l'objet du désir** et engendre alors un regard désintéressé sur le dit objet en tant que matérialité. Dès lors, l'œuvre d'art suspend le désir qui nous terrasse et nous offre ainsi l'occasion de nous désengager des affaires du monde, de nous éloigner de nos préoccupations individualistes pour **nous tourner vers l'universel**.

Par conséquent, l'art ouvre le passage du souci individuel et égoïste vers le souci de l'être en général et du vivant. L'esthétique est ainsi une des voies possibles vers le démantèlement de l'illusion de l'individu au profit de l'existence universelle (citation 5).

La morale de la pitié

Ensuite, **la morale de la pitié permet elle aussi à l'homme de se détourner de l'égoïsme et de l'individualisme**. Il s'agit de faire preuve de pitié vis-à-vis de tout ce qui souffre et des plus faibles. Schopenhauer est d'ailleurs le premier philosophe à s'intéresser aux droits des animaux et à œuvrer pour leur protection. Il définit la pitié comme un sentiment intérieur entièrement spontané issu de la compassion universelle devant l'universelle souffrance. La pitié appartient au monde de la volonté et est **le seul sentiment rendant possible l'acte moral en tant qu'amour du tout être vivant**. Elle est ainsi l'autre face de l'égoïsme individuel propre au monde de la représentation (citation 6).

La philosophie et la méditation

Enfin, **seules la philosophie et la méditation permettent d'accéder à la sagesse véritable**. Cela passe par trois grandes étapes :

- **la prise de conscience que la mort n'appartient qu'au monde de la représentation et qu'elle est absente du monde de la volonté**. En effet, seul l'individu meurt, l'espèce ne meurt jamais : elle est éternelle et immuable puisqu'elle relève du vivant et de la vie universelle. Ce n'est donc que l'illusion de l'individu qui meurt. Schopenhauer rejoint ainsi le bouddhisme puisque c'est une philosophie de la déconstruction des illusions de l'ego : le sujet est l'illusion dont il faut se libérer pour atteindre la sérénité. Si l'homme parvient à ne plus se concevoir comme un individu mais comme un membre de l'espèce, un membre d'une totalité qui le dépasse infiniment, alors il devient apte à vivre joyeusement puisqu'il prend conscience que l'espèce lui survivra et qu'il ne meurt jamais que comme individu. En somme, la mort n'existe plus et l'immortalité est atteinte par l'intelligence et par la raison. Il devient dès lors possible d'expérimenter l'éternité étant donné que l'homme ne se conçoit plus comme un individu, mais comme un membre de la communauté du vivant qui, elle, ne disparait jamais. De là, meurt la peur de la mort. Ainsi, la volonté de vivre nait de l'espèce et non plus de l'individu ;

- **la critique du christianisme et de toutes les philosophies individualistes**. Le christianisme est une philosophie de la personne : il nous prédit une résurrection personnelle, autant du corps que de l'âme. C'est une philosophie de la mort qui promet de retrouver dans l'au-delà notre entourage en tant qu'individu. C'est la promesse que l'illusion de l'identité va durer éternellement. Pour Schopenhauer, le christianisme perpétue une erreur à l'infini ;

- **enfin, la prise de conscience que la mort est une merveilleuse opportunité**. C'est d'ailleurs la seule et unique opportunité **de se débarrasser véritablement des**

illusions de l'ego et de s'en libérer. Elle incarne la grande occasion de n'être plus le « moi ». Ainsi, la mort peut être douce et tranquille si l'homme est parvenu à la sagesse en s'arrachant au monde du vouloir. Schopenhauer s'oppose donc au suicide, qui est une mort violente accomplie dans un état d'esprit dévasté, parce qu'il ne laisse pas le temps d'atteindre la sagesse telle qu'il la conçoit (citation 7).

La sagesse consiste à se débarrasser des illusions de la conscience pour mourir dans la joie et dans la sérénité grâce à cette conviction qu'on participe de la communauté de la vie.

EN RÉSUMÉ

L'entreprise généalogique de Schopenhauer **déconstruit les illusions de la métaphysique** qui prétend à la connaissance des choses en soi et des principes premiers.

En effet, le philosophe rejette la possibilité de toute science absolue en posant l'existence derrière **le monde de la représentation** (conscience) d'un monde infiniment plus puissant, **le monde de la volonté** (inconscient). Celui-ci, dont la vérité est inaccessible, invalide les idées du monde de la représentation.

L'existence du monde de la volonté, **un monde absurde, dénué d'explications, de causalités et de finalités ultimes**, est à l'origine du pessimisme radical de Schopenhauer. L'existence humaine est en outre ennui et souffrance.

À partir du constat de l'absurdité radicale du monde et du caractère souffrant de l'existence, Schopenhauer élabore **un art du bonheur dont l'enjeu est de s'arracher au monde de la volonté** sans retomber dans l'illusion métaphysique. À cette fin, il propose **trois voies : l'esthétique**, qui manifeste un regard désintéressé et ouvre dès lors le passage du souci individuel vers le souci de l'être en général, **la morale de la pitié**, qui détourne l'homme de l'égoïsme, et **la doctrine du salut**, qui permet d'échapper à la peur de la mort en ne se concevant plus comme un individu, mais comme un membre de la communauté éternelle du vivant.

Votre avis nous intéresse !
Laissez un commentaire sur le site de votre librairie en ligne
et partagez vos coups de cœur sur les réseaux sociaux !

POUR ALLER PLUS LOIN

- SCHOPENHAUER (Arthur), *Aphorismes sur la sagesse dans la vie*, Paris, PUF, 2012.
- SCHOPENHAUER (Arthur), *De la quadruple racine du principe de raison suffisante*, Paris, Vrin, 1997.
- SCHOPENHAUER (Arthur), *Essai sur le libre-arbitre*, Paris, Rivages, 1992.
- SCHOPENHAUER (Arthur), *Le Monde comme volonté et représentation*, Paris, PUF, 2004.
- SCHOPENHAUER (Arthur), *Les Deux problèmes fondamentaux de l'éthique*, Paris, Folio, 2009.
- SCHOPENHAUER (Arthur), *Parerga et Paralipomena*, Paris, Coda, 2005.
- SCHOPENHAUER (Arthur), *Prolegomna et Parerga*, Paris, Coda, 2005.
- FERRY (Luc), *Schopenhauer. Un cours particulier de Luc Ferry*, Paris, Fremeaux & associés, 2012.
- PHILONENKO (Alexis), *Schopenhauer. Une philosophie de la tragédie*, Paris, Vrin, 2000.
- RAYMOND (Didier), *Schopenhauer*, Paris, Seuil, 1997.
- ROSSET (Clément), *Schopenhauer, philosophe de l'absurde*, Paris, PUF, 2013.
- SANS (Edouard), *Schopenhauer*, Paris, PUF, 1993.

TESTEZ VOS CONNAISSANCES !

ASSOCIEZ CHAQUE CITATION À L'EXPLICATION QUI LUI CORRESPOND

Citation 1 : « Ce qui connaît tout le reste, sans être soi-même connu, c'est le sujet. Le sujet est, par suite, le substratum du monde, la condition invariable, toujours sous-entendue, de tout phénomène, de tout objet ; car tout ce qui existe, existe seulement pour le sujet. Ce sujet, chacun le trouve en soi, en tant du moins qu'il connaît, non en tant qu'il est objet de connaissance. » (*Le Monde comme volonté et comme représentation*, Paris, PUF, 2004, p. 27-28)

Citation 2 : « [...] La volonté étant la chose même en soi, le fond intime, l'essentiel de l'univers, tandis que la vie, le monde visible, le phénomène, n'est que le miroir de la volonté [...]. » (*Le Monde comme volonté et comme représentation*, Paris, PUF, 2004, p. 54)

Citation 3 : « Si l'on admet le libre-arbitre, chaque action humaine est un miracle inexplicable, un effet sans cause [...]. » (*Essai sur le libre-arbitre*, Paris, Rivages, 1992, p. 84-86)

Citation 4 : « [...] Peine et misère, tel est [...] le lot de presque tous les hommes. Mais si tous les vœux, à peine formés, étaient aussitôt exaucés, [...], à quoi emploierait-on le temps ? Placez cette race dans un pays de Cocagne, où tout croîtrait de soi-même [...], où chacun trouverait aussitôt sa bien-aimée et l'obtiendrait sans difficulté, – alors on verrait les hommes mourir d'ennui [...]. » (*Parerga et Paralipomena*,

Paris, Coda, 2005)

Citation 5 : « Peut-être la raison pour laquelle les objets communs dans les natures mortes semblent si transfigurés [...], c'est qu'alors nous ne regardons plus les choses dans le flux du temps et dans la relation de cause à effet [...]. Au contraire, nous sommes arrachés au flux éternel de toutes choses et transportés dans une éternité morte et silencieuse. » (*Parerga et Paralipomena*, Paris, Coda, 2005)

Citation 6 : « [...] Ce mystérieux passage de nous-même dans un autre être [...] supprime les barrières de l'égoïsme [...]. C'est donc le sentiment moral par excellence, un lien par lequel et dans lequel nous sentons que nous sommes tous frères. Éprouver de la compassion, c'est devenir un être moral. » (*Prolegomna et Parerga*, Paris, Coda, 2005)

Citation 7 : « [...] Renoncer à tout ce qu'il désirait naguère avec tant d'emportement et recevoir la mort avec joie, nous ne voyons un homme en arriver là, qu'après qu'il a parcouru tous les degrés d'une détresse croissante, et qu'ayant lutté énergiquement, il est près de s'abandonner au désespoir. » (*Le Monde comme volonté et comme représentation*, Paris, PUF, 2004)

Explication a : le sujet est la condition pour connaitre le monde, grâce aux formes à priori de son entendement, mais, en tant que noumène (chose en soi), il ne peut se connaitre lui-même immédiatement.

Explication b : la contemplation esthétique permet d'échapper à la tyrannie des désirs en rendant possible un regard désintéressé sur les objets : dès lors, l'homme se désengage du monde et se tourne vers l'universel et l'éternel.

Explication c : le monde répond à la logique de l'insatisfaction, d'où la souffrance humaine : l'homme passe son temps à tenter d'assouvir ses désirs sans jamais y parvenir. Cependant, si tous ses vœux étaient exaucés, il sombrerait dans l'ennui.

Explication d : l'inconscient est infiniment plus puissant que le monde de la représentation.

Explication e : le libre-arbitre est une illusion étant donné que la finalité est sans fin : l'homme ignore la finalité première de ses intentions.

Explication f : la compassion et la pitié en tant qu'arrachement de l'individu à son égoïsme fondent la morale en ouvrant un passage vers l'amour du vivant en général.

Explication g : le monde de la volonté est le monde des noumènes (des choses en soi) tandis que le monde de la représentation est le monde des phénomènes (des choses visibles). Ce dernier n'est en réalité que le reflet du monde des essences qu'est le monde de la volonté.

Explication h : le salut advient lors du renoncement à l'individualité au profit du vivant et grâce à l'ascétisme qui est l'abolition de toute volonté.

Explication i : la mort peut être perçue comme une joie et comme une délivrance des souffrances causées par l'absurdité du monde par celui qui a parcouru le chemin philosophique : ce dernier ayant renoncé à l'individualité pour se fondre dans l'espèce, accueille la mort avec sérénité puisque l'espèce ne meurt jamais.

Explication j : la douleur de l'être humain provient de ce que le monde est finalité sans fin et causalité sans cause.

Rendez-vous sur lepetitphilosophe.fr et découvrez :

Plus de 1200 analyses
Claires et synthétiques
Téléchargeables en 30 secondes
À imprimer chez soi

www.lepetitphilosophe.fr

ISBN version numérique : 978-2-8062-4969-2
ISBN version papier : 978-2-8080-0106-9
Dépôt légal : D/2017/12603/490

Conception numérique : Primento,
le partenaire numérique des éditeurs.

Made in the USA
Monee, IL
06 May 2026